DÉCRET DU 1ER MARS 1890

PORTANT RÈGLEMENT SUR LA CONCESSION DES

CONGÉS ET PERMISSIONS

MODIFIÉ PAR LE DÉCRET DU 7 MARS 1895

3e ÉDITION

ANNOTÉE, MISE A JOUR ET COMPLÉTÉE PAR 4 ANNEXES

PARIS
11, Place Saint-André-des-Arts.

LIMOGES
46, Nouvelle Route d'Aixe, 46.

Henri CHARLES-LAVAUZELLE
Éditeur militaire.

1895

DECRET DU 1er MARS 1890

PORTANT RÈGLEMENT SUR LA CONCESSION DES

CONGÉS & PERMISSIONS

DÉCRET DU 1ER MARS 1890

PORTANT RÈGLEMENT SUR LA CONCESSION DES

CONGÉS & PERMISSIONS

MODIFIÉ PAR LE DÉCRET DU 7 MARS 1895

3e ÉDITION

ANNOTÉE, MISE A JOUR ET COMPLÉTÉE PAR 4 ANNEXES

PARIS
11, Place Saint-André-des-Arts.

LIMOGES
46, Nouvelle Route d'Aixe, 46.

Henri CHARLES-LAVAUZELLE
Éditeur militaire.

1895

SOMMAIRE.

RAPPORT AU PRÉSIDENT DE LA RÉPUBLIQUE FRANÇAISE

SUR LA CONCESSION

DES CONGÉS ET PERMISSIONS

Paris, le 1er mars 1890.

Monsieur le Président,

Aux termes de la loi du 15 juillet 1889, sur le recrutement de l'armée (art. 45), la durée du service actif, fixée à trois ans, ne peut être interrompue par des congés, sauf en cas de maladie ou de convalescence, ou en exécution des articles 21, 22, 23 et 46 de ladite loi.

Les dispositions actuellement prévues pour la concession des permissions et des congés ne sont plus applicables, par suite, qu'aux officiers et aux hommes de troupe rengagés, commissionnés ou engagés volontaires pour quatre ou cinq ans.

Elles sont à modifier, en ce qui concerne les autres militaires, pour lesquels les congés à titre de continuation d'études, pour affaires personnelles ou pour être détachés dans les compagnies de chemins de fer, n'existent plus.

En outre, l'article 22 de la loi du 15 juillet 1889 a soumis la délivrance des congés de soutien de famille par l'autorité militaire à de nouvelles règles qu'il importe de bien préciser, afin d'éviter toute difficulté dans l'avenir et de mettre les chefs de corps ou de service à même de statuer, en toute connaissance de cause et dans la plénitude de leurs droits, sur les demandes qui leur sont soumises.

Si vous approuvez cette manière de voir, j'ai l'honneur de vous prier de vouloir bien revêtir de votre signature le décret ci-joint, destiné à remplacer celui du 1er décembre 1888.

Veuillez agréer, Monsieur le Président, l'hommage de mon respectueux dévouement.

Le Ministre de la guerre,

Signé : C. DE FREYCINET.

DÉCRET DU 1er MARS 1890

PORTANT RÈGLEMENT SUR LA CONCESSION DES

CONGÉS & PERMISSIONS

PRINCIPES GÉNÉRAUX.

Art. 1er. Les demandes de permission ou de congé doivent être adressées, par la voie hiérarchique, aux autorités qui ont qualité pour les accorder.

Art. 2. Les militaires en congé ou en permission doivent toujours être porteurs du titre en vertu duquel ils s'absentent; les hommes de troupe doivent, en outre, être pourvus de leur livret.

Art. 3. Les généraux commandant les subdivisions de région peuvent accorder aux hommes de troupe, en permission ou en congé dans l'étendue de leur commandement, l'autorisation de se rendre dans des localités autres que celles désignées sur leur titre d'absence.

Ils peuvent également autoriser les militaires de tous grades en instance de prolongation à attendre dans leurs foyers la décision à intervenir de l'autorité supérieure.

Ces autorisations sont inscrites sur le titre d'absence, et l'avis en est donné directement aux chefs de corps ou de service au moyen d'un bulletin indicatif, modèle no 6, page 26.

Art. 4. Les officiers de tous grades et assimilés, en position d'absence, qui désirent changer de résidence, peuvent le faire sans autorisation préalable. Ils sont seulement tenus d'en informer, par écrit, l'autorité militaire supérieure de laquelle ils relèvent normalement, en lui faisant connaître leur nouvelle adresse. Ils sont également tenus de porter eux-mêmes, sur leur titre d'absence, les changements successifs de résidence qu'ils ont pu faire pendant la durée de leur permission ou de leur congé.

Art. 5. Les demandes de permission et de congé des militaires appartenant à des corps de troupe ou services détachés d'une égion dans une autre, sont faites à l'autorité locale, qui statue.

Art. 6. Les demandes d'absence au delà de huit jours, faites en faveur des médecins des corps de troupe, doivent porter l'avis du directeur du service de santé, lorsque ces médecins sont, en même temps, chargés du service dans un hôpital.

Art. 7. Les autorités militaires qui concèdent des congés de convalescence et des prolongations de permission ou de congé doivent en informer sans retard, par un bulletin d'avis, modèle n° 1, les chefs de corps ou de service dont relèvent les intéressés.

Des avis sont aussi adressés aux mêmes autorités par les médecins-chefs des hôpitaux, en ce qui concerne les militaires qui entrent à l'hôpital étant en position d'absence.

Art. 8. Les demandes et les titres d'absence sont établis conformément aux modèles n°s 2, 3 et 4, pages 20 à 24.

Art. 9. Les demandes formées par les militaires (hommes de troupe) en permission ou en congé sont transmises au commandant de la subdivision de région par l'intermédiaire du commandant d'armes et, à défaut, par la gendarmerie, à qui les intéressés doivent remettre leurs demandes.

Les officiers adressent directement leurs demandes au général commandant la subdivision.

Art. 10. Les droits en matière de permission et de congé, des généraux commandant les troupes d'occupation dans les protectorats sont les mêmes que ceux attribués, dans le présent règlement, aux gouverneurs militaires et aux commandants de corps d'armée.

Des congés ou permissions pour aller à l'étranger.

Art. 11. Les congés et les permissions pour aller à l'étranger sont demandés dans les mêmes conditions que pour l'intérieur. Le titulaire de la permission ou du congé doit laisser à son corps ou à son service les moyens de lui faire parvenir toute communication le concernant.

L'uniforme ne peut être porté à l'étranger que sur une autorisation spéciale du Ministre de la guerre (1).

---

(1) Les militaires rentrant en France à la suite d'une absence régulière à l'étranger ne sont plus tenus d'en rendre compte par lettre spéciale au Ministre de la guerre.

Les officiers ou assimilés qui demandent des congés pour se rendre à l'étranger doivent, autant que possible, faire connaître dans leur demande les itinéraires qu'ils ont l'intention de suivre à l'étranger. (Note du 28 février 1893, *B. O.*, p. 89.)

Dans le but de remédier aux inconvénients que présente la fréquence des demandes tendant à obtenir l'autorisation de porter l'uniforme à l'étranger, le Ministre de la guerre a décidé, après entente avec M. le Ministre des affaires étrangères que cette autorisation ne serait accordée que dans le cas

Des congés ou permissions accordés aux hommes de troupe pour en jouir dans les départements de la Seine et de Seine-et-Oise (1).

Art. 12. Il ne peut être accordé de congés ou de permissions, pour en jouir à Paris, dans le département de la Seine et dans celui de Seine-et-Oise, qu'aux hommes de troupe qui justifient y avoir leur famille, ou qui peuvent certifier qu'ils y ont des moyens d'existence.

Art. 13. Les hommes de troupe qui, pour se rendre à leur destination, ont à passer par Paris, ne peuvent y séjourner plus de quarante-huit heures.

Dispositions spéciales aux militaires employés en Afrique ou dans une armée en campagne hors du territoire français.

Art. 14. Les permissions et les congés accordés aux militaires employés en Afrique ou en Corse (2), ou faisant partie d'une armée

---

de mission régulière ou pour assister, soit à des manœuvres, soit à des cérémonies officielles.

Seules les demandes basées sur un de ces motifs devront être transmises au Ministre.

En outre, lorsque des officiers désireront assister en tenue à une cérémonie de famille, ils devront s'adresser au représentant diplomatique de la France, qui pourra leur accorder directement, au nom du Ministre de la guerre, l'autorisation nécessaire.

Ces dispositions s'appliquent aux militaires de tous grades. (Circ. du 25 avril 1891, *B. O.*, p. 544.)

(1) Les militaires, agents ou assimilés, qui n'ont pas rang d'officier et qui se rendent en permission dans une localité du département de la Seine autre que Paris, sont tenus de se présenter au général commandant la place de Paris, lorsque leur permission est d'une durée égale ou supérieure à huit jours. Pour ceux qui sont porteurs d'une permission de moins de huit jours, les autorités militaires chargées du visa sont tenues d'adresser, sans délai, au général commandant la place de Paris, un bulletin indiquant le nom du permissionnaire, la durée de sa permission et son adresse. (Décret du 7 mars 1895.)

(2) Par modification aux prescriptions de la lettre collective du 1er septembre 1882 (Etat-major, 1er Bureau) et des notes des 18 janvier 1886 et 11 décembre 1890 (*B. O.* p. 29 et 1336), les militaires appartenant à des fractions de corps détachées de France en Algérie ou en Tunisie, qui seront venus en congé de convalescence en France, seront, à l'expiration de leur congé, dirigés sur le corps de troupe, quelle qu'en soit l'arme, le plus à proximité de la localité où ils se trouveront.

Ce corps les fera visiter et mettre immédiatement en route pour l'Algérie ou la Tunisie, s'ils sont reconnus en état de faire campagne; dans le cas contraire, il les dirigera sur le dépôt du corps auquel ils appartiennent.

Mention de cette prescription sera faite sur le titre de congé remis à l'homme, lors de son départ d'Algérie ou de Tunisie. (Note du 7 juillet 1892, *B. O.*, p. 9.)

active ou d'un rassemblement hors du territoire, ne commencent que du jour du passage de la frontière ou du débarquement.

Ces militaires sont considérés comme rentrés à leur poste s'ils sont rendus à la frontière ou au port d'embarquement au jour fixé pour l'expiration de leur titre d'absence (1).

Art. 15. Les commandants des corps d'armée sur le territoire desquels se trouvent les ports où débarquent les permissionnaires, peuvent prolonger la durée des permissions ou des congés du nombre de jours nécessaires pour que les titulaires de ces permissions ou congés puissent, lors de leur retour, se mettre en route de manière à n'arriver au port d'embarquement que la veille seulement du jour du départ du premier paquebot partant après l'expiration de la permission ou du congé. La solde acquise pendant ces prolongations est la même que celle dont jouissait le militaire pendant son congé ou sa permission primitive (1).

Les intéressés doivent, aussitôt après leur débarquement en France, se présenter à la sous-intendance militaire chargée du service de marche; le sous-intendant militaire est tenu de mentionner, sur le titre dont ils sont porteurs, le jour du départ du paquebot qu'ils auront à prendre pour retourner à leur poste.

Cette mention ne dispense pas les intéressés de demander au commandement la prolongation nécessaire.

Quand, à l'expiration de sa permission ou de son congé, un militaire d'un corps d'outre-mer obtient une prolongation d'absence, l'autorité militaire qui l'accorde doit, en en faisant l'inscription, mentionner à la suite la date à laquelle l'intéressé devra arriver au port d'embarquement.

DES PERMISSIONS (2).

Art. 16. Il peut être accordé des permissions : avec solde de présence (3) à tous les officiers, aux fonctionnaires assimilés ou

---

(1) Voir annexe n° 4, page 37.

(2) Voir annexe n° 1, p. 27 :
Pour les permissions à accorder aux militaires de l'armée active dont un frère est convoqué en qualité de dispensé, article 23 de la loi sur le recrutement, ou comme réserviste ou territorial.
Pour les permissions de quelques jours accordées aux principales fêtes légales.
Pour les permissions de 24 heures.
Pour les dispositions fixant les conditions dans lesquelles les militaires peuvent être mis à la disposition des agriculteurs pour les divers travaux des champs.
Pour les avis à donner aux chefs de gare lors du départ de plus de 50 permissionnaires.

(3) Ou indemnité de service pour les officiers retraités des services de la justice militaire, du recrutement, des écoles et des corps de troupe (officiers comptables).

employés militaires, aux sous-officiers rengagés ou commissionnés; aux militaires de la gendarmerie et aux hommes de troupe indigènes de tous grades des régiments de spahis algériens; — sans solde à tous les autres militaires.

Art. 17. Les militaires de tous grades, changeant isolément de résidence, peuvent obtenir, à titre de sursis, des permissions dont la durée ne doit pas dépasser quinze jours, abstraction faite des délais ordinaires de route et de tolérance.

Ces sursis sont accordés dans les mêmes conditions de solde que les autres permissions et par l'autorité militaire du point de départ.

Autorité par qui elles sont accordées.

Art. 18. *Chefs de corps ou de service :*

Aux officiers et assimilés, 15 jours avec solde de présence; — aux sous-officiers rengagés ou commissionnés, 30 jours avec solde de présence; — aux autres gradés et aux soldats, 30 jours sans solde.

Généraux de brigade ou directeurs de service assimilés :

Aux chefs de corps ou de service, 8 jours avec solde de présence; — aux autres officiers et assimilés, 30 jours avec solde de présence.

Généraux de division ou directeurs de service assimilés :

Aux chefs de corps ou de service, 15 jours avec solde de présence.

Gouverneurs militaires et commandants de corps d'armée :

Aux chefs de corps ou de service, 30 jours avec solde de présence.

Art. 19. Les gouverneurs militaires et commandants de corps d'armée peuvent accorder des permissions, dans les limites de trente jours, aux généraux, aux directeurs des services et aux chefs des établissements militaires.

Il est rendu compte hiérarchiquement au Ministre, par bulletin modèle n° 1, des permissions de huit jours et au delà accordées aux officiers ou assimilés visés dans le paragraphe précédent, ainsi qu'aux chefs de corps.

Art. 20. Ces officiers généraux peuvent aussi accorder, dans les conditions prévues à l'article 11 et dans les limites fixées à l'article 18, les permissions pour aller à l'étranger, sous certaines réserves qui font l'objet d'une instruction spéciale.

Dispositions spéciales aux écoles.

Art. 21. Les commandants de l'Ecole supérieure de guerre, de l'Ecole polytechnique, de l'Ecole spéciale militaire, du Prytanée militaire, de l'Ecole d'application de l'artillerie et du génie, de l'Ecole d'application de cavalerie, de l'Ecole militaire d'infanterie, de l'Ecole militaire de l'artillerie et du génie, de l'Ecole d'application de médecine et de pharmacie militaires, de l'Ecole du service de santé militaire, de l'Ecole d'administration, peuvent accorder des permissions ne dépassant pas trente jours, avec solde de présence, aux officiers et aux sous-officiers rengagés ou commissionnés sous leurs ordres. Pour tous les autres militaires employés dans l'Ecole, les permissions sont toujours sans solde.

Art. 22. Les généraux commandant les corps d'armée ou les gouverneurs militaires sur le territoire desquels sont placées les autres écoles (Ecole de gymnastique, Ecole normale de tir, Ecole centrale de pyrotechnie militaire, écoles d'artillerie, écoles militaires préparatoires), accordent, sur la proposition des commandants de ces écoles, dans les mêmes conditions et sous les mêmes réserves que celles déterminées par les articles 16 et 18 du présent décret, des permissions au personnel militaire relevant de ces écoles, ainsi que des sursis d'arrivée, dans la limite de quinze jours, aux militaires qui ont terminé leurs cours d'instruction dans ces écoles. Les commandants de ces écoles ont, en matière de permission et vis-à-vis du personnel militaire sous leurs ordres, les droits dévolus par l'article 18 aux chefs de corps ou de service.

Art. 23. Le général gouverneur militaire de Paris peut également accorder des permissions de quinze jours, avec solde de présence, aux officiers venant de suivre des cours ou de subir des examens dans l'étendue de son commandement territorial.

DES PROLONGATIONS DE PERMISSION.

Art. 24. Le droit de prolonger les permissions est réservé aux généraux exerçant un commandement territorial, qui peuvent accorder des prolongations de permission, avec solde de présence ou sans solde, aux militaires de tous grades et de toutes armes en permission sur le territoire sous leurs ordres, dans les conditions déterminées par l'article 16, sous la réserve que la durée totale de l'absence ne dépasse pas les droits conférés à ces officiers généraux par l'article 18.

Art. 25. Tout militaire en permission doit, pour obtenir une prolongation, demander, au préalable, l'assentiment de son chef de corps ou de service. Celui-ci peut donner son autorisation, pourvu que la durée totale de l'absence ne dépasse pas trente jours.

La même autorisation est accordée aux chefs de corps ou de service par l'autorité militaire dont ils relèvent normalement et qui, aux termes de l'article 18, a qualité pour leur accorder une permission équivalente à la durée totale de l'absence.

Art. 26. Dans le cas où la durée de l'absence doit dépasser trente jours, la permission est transformée en congé et les prescriptions relatives aux prolongations de congé deviennent applicables.

DES CONGÉS ET DE LEUR PROLONGATION (1).

Art. 27. Les absences dont la durée doit dépasser trente jours sont autorisées sous forme de congé.

Art. 28. Le Ministre statue seul sur les demandes de congé formées par les officiers généraux et assimilés, par les chefs de corps, par les directeurs des services, par les chefs des établissements militaires et par les officiers du cadre permanent des écoles visées article 21.

Art. 29. Les congés sont accordés aux autres militaires dans les conditions suivantes :

Des congés pour affaires personnelles et de leur prolongation.

Art. 30. Les congés pour affaires personnelles sont accordés, par délégation du Ministre, dans la limite de trois mois, par les gouverneurs militaires et les généraux commandant les corps d'armée ou les troupes d'occupation dans les protectorats; au delà de trois mois, ils sont accordés par le Ministre.

Il ne peut être délivré de congés de cette nature aux hommes de troupe, sauf à ceux qui sont rengagés ou commissionnés, ou aux engagés volontaires pour plus de trois ans.

Art. 31. Ces mêmes officiers généraux peuvent accorder des congés, sans limite de durée, aux militaires en instance de retraite et qui désirent attendre dans leurs foyers la liquidation de leur pension.

Art. 32. Les congés pour affaires personnelles sont accordés : avec solde d'absence, aux officiers ou assimilés et aux sous-officiers rengagés ou commissionnés; — sans solde, à tous les autres militaires.

---

(1) Les officiers, sous-officiers, caporaux et soldats français des bataillons de tirailleurs sahariens et des escadrons de spahis sahariens ont droit, après une première période de quatre années de séjour dans les régions sahariennes et ensuite, tous les trois ans, à un congé de quatre mois, non compris l'aller et le retour.

Pendant toute la durée de ces congés, y compris l'aller et le retour, il leur est alloué la solde de présence, ainsi que l'indemnité pour cherté de vivres attribuée aux militaires français des divers grades par le tableau annexé au décret. (Décret du 9 décembre 1894.)

Art. 33. Les demandes de prolongation de congé pour affaires personnelles sont adressées, ainsi qu'il est dit art. 9, au général commandant la subdivision territoriale. Après enquête, cet officier général transmet la demande, avec son avis motivé, au gouverneur militaire ou au commandant du corps d'armée dont le militaire relève normalement.

Le gouverneur militaire ou le commandant du corps d'armée statue et signe, s'il y a lieu, le titre de prolongation. Il transmet la demande au Ministre, si la durée totale de l'absence doit excéder la limite des droits qui lui sont conférés par les articles 30 et 31.

Le titre de prolongation ou la notification du refus est adressé au général commandant la subdivision qui a transmis la demande. Celui-ci avise l'intéressé de la décision dont il a été l'objet et lui fait parvenir son titre, s'il y a lieu.

Si la prolongation est accordée, le gouverneur militaire ou le commandant du corps d'armée en avise, par bulletin modèle n° 1, le chef de corps ou de service sous les ordres duquel le militaire intéressé se trouve normalement placé.

Des congés de convalescence et de leur prolongation (1).

Art. 34. Les généraux de brigade commandant les subdivisions de région statuent, par délégation des commandants de corps d'armée, aussitôt qu'elles leur parviennent, sans attendre l'époque de la visite mensuelle, sur les propositions de congé de convalescence formées en faveur des militaires en résidence sur le territoire de leur commandement.

Art. 35. Ces congés sont accordés dans la limite de trois mois pour les officiers, et de six mois pour les hommes de troupe.

Ils peuvent être prolongés dans les mêmes conditions de durée; toutefois, les propositions formées en faveur des officiers sont transmises au Ministre, quand elles ont pour effet de porter à plus de six mois la durée totale de l'absence.

Art. 36. Les demandes de congé et de prolongation de congé de convalescence sont appuyées des certificats de visite et de contre-visite délivrés par les médecins traitants et les médecins-chefs des hôpitaux militaires ou hôpitaux mixtes, ou, à leur

(1) *Militaires en congé de convalescence signalés comme ayant une inconduite caractérisée.*

Si, à la suite d'une inconduite caractérisée ou d'un acte public constituant un délit qui tombe sous le coup de la loi, l'autorité militaire présume que le titulaire d'un congé de convalescence a recouvré sa santé, elle doit, dans l'intérêt de la discipline, le faire visiter et contre-visiter médicalement, et prendre telles mesures qu'elle jugera opportunes, selon le résultat de ces visites, soit en rappelant le militaire à l'activité, soit en le contraignant à passer au corps, ou à Sainte-Marguerite, ou même à l'hôpital, la fin de sa convalescence, afin qu'il ne puisse plus mésuser de la liberté qui lui avait été temporairement accordée. (Circ. du 2 juin 1891, *B. O.*, p. 701.)

défaut, par ceux des hospices civils où les militaires postulants sont en traitement ou se font visiter. Dans ce dernier cas, la contre-visite est passée par des médecins militaires des corps de troupe ou, en cas d'impossibilité, par des médecins civils spécialement désignés par le général commandant la subdivision de région.

Si les militaires se trouvent dans une localité où il n'existe ni hôpital militaire ni hospice civil, et qu'ils soient hors d'état d'être transportés, ils joignent à leur demande un certificat du médecin de la localité ou une attestation du maire. Le général commandant la subdivision prescrit à la gendarmerie de s'assurer que les militaires ne peuvent se déplacer; cette constatation est faite : à l'égard des officiers, par le commandant de l'arrondissement de gendarmerie; à l'égard des hommes de troupe, par le commandant de la brigade.

Art. 37. Les généraux de brigade qui accordent les congés de convalescence peuvent, par délégation des pouvoirs attribués aux généraux commandant les corps d'armée par la décision présidentielle du 11 septembre 1887, accorder, en même temps, la solde de présence pour une durée d'un mois.

La solde de présence, pour une durée plus longue, peut être accordée par les généraux commandant les corps d'armée.

Art. 38. Toute demande tendant à prolonger un congé de cette nature est adressée, ainsi qu'il est dit art. 9, au général commandant la subdivision de région.

Après enquête, cet officier général statue directement, dans les limites fixées par l'article 35, sur les demandes qui lui sont parvenues et signe les titres de prolongation. Il avise l'intéressé de la décision dont il a été l'objet et lui fait parvenir son titre, s'il y a lieu.

Si la prolongation est accordée, il en avise, par bulletin modèle n° 1, le chef de corps ou de service sous les ordres duquel le militaire intéressé se trouve normalement placé.

Des congés à titre de soutien de famille (1).

Art. 39. Les chefs de corps ou de service sont autorisés à délivrer des congés à titre de soutien de famille aux militaires ayant un an ou deux de présence sous les drapeaux.

Le nombre des congés ainsi accordés ne peut pas dépasser 1 p. 100 après la première année, et 1 p. 100 après la seconde.

---

(1) *Conditions dans lesquelles les congés à titre de soutiens indispensables de famille peuvent être accordés aux militaires des corps ne recevant pas annuellement un contingent de* 100 *hommes incorporés pour trois ans.*

Les corps qui se trouvent dans ce cas sont :

Les régiments de tirailleurs algériens;

Les régiments étrangers;

Les bataillons d'infanterie légère d'Afrique;

Il est calculé d'après l'effectif des hommes de la classe appartenant au corps.

Ces congés sont valables jusqu'à l'époque du passage des titulaires dans la réserve de l'armée active.

Les hommes renvoyés comme soutiens de famille sont rayés de leur corps d'origine et affectés à l'un des corps alimentés par la subdivision de leur domicile.

Aucun titre ne leur est remis; il est simplement fait mention de leur renvoi sur le livret individuel.

Art. 40. Chaque demande doit comprendre à l'appui :

1° Un relevé des contributions payées par la famille et certifié par le percepteur;

2° Un certificat spécial (n° 5) portant l'avis motivé de trois pères de famille, ainsi que celui du conseil municipal.

Les chefs de corps ou de service examinent les demandes qui leur parviennent et s'assurent que les justifications qui les accompagnent sont régulières au point de vue des règlements.

Ils prennent auprès de la gendarmerie les renseignements qui peuvent leur être utiles pour classer ces demandes suivant leur degré d'urgence.

Les militaires qui sollicitent des congés à titre de soutien de famille doivent posséder une instruction militaire suffisante et n'avoir rien laissé à désirer sous le rapport de la conduite et de la manière de servir.

Art. 41. Les sous-officiers, les caporaux ou brigadiers et les soldats de 1re classe envoyés en congé de soutien de famille n'auront pas à faire la remise de leurs galons.

Les militaires des cadres des compagnies de discipline (Note du 10 février 1892, *B. O.*, p. 94);

Les compagnies d'ouvriers d'artillerie et d'artificiers;

Les escadrons du train des équipages militaires;

La plupart des sections de commis et ouvriers militaires d'administration et d'infirmiers militaires;

L'Ecole d'application de cavalerie;

Enfin, les régiments de spahis, les compagnies de cavaliers de remonte, les sections de secrétaires d'état-major et du recrutement et les diverses écoles militaires qui se recrutent à l'aide d'hommes prélevés sur les autres corps.

L'ensemble des corps mentionnés ci-dessus, dépendant d'une même arme ou d'un même service, seront considérés comme ne formant qu'un seul corps.

Pour assurer, dans les meilleures conditions, la répartition entre ces différents corps des congés à titre de soutien de famille à accorder par application de l'article 22 de la loi du 15 juillet 1889, les demandes seront transmises, avec les pièces justificatives à l'appui, au Ministre de la guerre (directions intéressées), qui fera ensuite connaître aux commandants de corps d'armée les noms et les corps des militaires auxquels des congés pourront être accordés.

(Note du 20 décembre 1890, *B. O.*, p. 1557.)

Des congés pour aller faire usage des eaux.

Art. 42. Ces congés, dont la durée ne peut dépasser deux mois, sont délivrés par les gouverneurs militaires et les généraux commandant les corps d'armée; les demandes sont accompagnées de certificats de visite individuels spéciaux pour ces sortes de congés.

Art. 43. La solde de présence est allouée pour toutes les journées passées aux eaux et pour les délais de route et de tolérance, aller et retour, que lesdits délais ajoutés à ces journées représentent ou non l'intégralité des congés obtenus. La solde d'absence sera seule allouée pour les journées qui n'auraient pas été passées aux eaux en dehors des délais de route et de tolérance. Les officiers peuvent reporter au retour les délais dont ils n'auraient pas profité pour l'arrivée à l'établissement.

Des congés pour aller à l'étranger.

Art. 44. Les congés pour aller à l'étranger ne sont accordés que par le Ministre, qui en règle les conditions au point de vue de la solde.

DISPOSITIONS SPÉCIALES A LA GENDARMERIE (1).

Art. 45. Les militaires de la gendarmerie peuvent obtenir des généraux des permissions et des congés dans les mêmes conditions que les militaires des autres armes.

Toutefois, il n'est pas accordé de congé à titre de soutien de famille aux militaires de la gendarmerie.

Art. 46. Les chefs de légion peuvent concéder, en cas d'urgence, des permissions de huit jours, avec solde de présence, aux officiers, sous-officiers, brigadiers et gendarmes sous leurs ordres, à la condition d'en rendre compte, sans délai, au gouverneur militaire ou au général commandant le corps d'armée par un bulletin modèle n° 1.

---

(1) Les officiers de gendarmerie du service colonial placés dans la gendarmerie métropolitaine et qui se trouvent dans le cas d'obtenir un congé de convalescence, à leur rentrée en France, sont tenus de rejoindre la destination qui leur a été assignée, avant de formuler leur demande, qui doit être adressée à leurs nouveaux chefs, comme l'indique l'article 33, paragraphe 2, de l'instruction complémentaire du 24 mars 1894 pour l'inspection générale de la gendarmerie, instruction dont les prescriptions ne sont pas toujours exactement observées.

Dans le cas où ils se trouveraient, par suite de leur état physique, dans l'impossibilité absolue de se rendre à leur poste, le général commandant le corps d'armée dont relève le port de débarquement aurait exceptionnellement qualité pour statuer sur leur demande. (Note minist. du 30 novembre 1894.)

Art. 47. Le commandant de la compagnie peut accorder des permissions de quatre jours, avec solde de présence, aux militaires de tous grades placés sous ses ordres. Il en rend compte immédiatement au chef de légion par la voie du rapport journalier.

Art. 48. Le commandant de l'arrondissement peut accorder des permissions de quatre jours, avec solde de présence, aux militaires de tous grades placés sous ses ordres. Il en rend compte immédiatement au commandant de la compagnie par la voie du rapport journalier.

Art. 49. Le nombre des permissions à accorder dans chaque compagnie est limité par le chef de légion.

Art. 50. Les prolongations de permissions et de congés sont accordées aux militaires de la gendarmerie conformément aux règles établies dans le présent décret.

MARINE.

Art. 51. Les dispositions contenues dans le présent décret ne sont pas applicables aux militaires de la marine. Ces militaires restent soumis aux règles tracées par les circulaires qui les concernent spécialement (1).

ABROGATION DES DISPOSITIONS ANTÉRIEURES.

Art. 52. Toutes les dispositions antérieures contraires au présent décret, notamment le décret du 1er décembre 1888, portant règlement sur la concession des congés et des permissions, sont abrogées.

DISPOSITIONS FINALES.

Art. 53. Le Ministre de la guerre est chargé de l'exécution du présent décret.

---

(1) Décret du 31 août 1891 portant règlement sur la concession des congés et des permissions dans les troupes de la marine (*B. O.*. p. 286). Brochure in-8°, prix, 0 fr. 50. Editeur, Henri Charles-Lavauzelle.

Instruction du 20 septembre 1885 (*J. M.*, p. 740), relative à la concession des congés ou des permissions concernant les officiers, fonctionnaires et agents des différents corps de la marine et des colonies, équipages de la flotte et autres corps militaires de la marine non compris les corps de troupe (gendarmerie, infanterie, artillerie).

e CORPS D'ARMÉE.
ou
GOUVERNEMENT MILITAIRE
d

—

e DIVISION.

—

e SUBDIVISION.

—

Place d

—

N°

MODÈLE N° 1.

Format. { Hauteur, 0m,210. Largeur, 0m,340.

(1) Permission.
ou Congé pour affaires personnelles.
ou Congé de convalescence,
ou Congé à titre de soutien de famille.
ou Congé pour aller faire usage des eaux.
ou Prolongation de permission.
ou Prolongation de congé de.... etc..
ou Congé pour aller à l'étranger.

Bulletin indicatif de (1)

NOMS et PRÉNOMS.	GRADE.	DATE DE LA DÉCISION par laquelle la permission ou le congé a été accordé.	DURÉE.	LOCALITÉS où le militaire doit en profiter.	AUTORITÉ qui a accordé LE CONGÉ ou la permission.	OBSERVATIONS. (Pour une prolongation, rappeler le titre précédent).

A MM. les membres du Conseil d'administration
du
ou A M. le Ministre de la guerre (*Bureau de l'arme*).

A , le 189 .
P. O. *Le Chef d'état-major*,

e CORPS D'ARMÉE.
ou
GOUVERNEMENT MILITAIRE
de
—
• DIVISION.
—
• SUBDIVISION.
—

Corps ou services.

MODÈLE N° 2.

Format. { Hauteur, 0m,340. Largeur, 0m,210.

Place d

Demande d'un (1)
en faveur (2)

DURÉE DE L'ABSENCE ou de la prolongation.	LOCALITÉ où le militaire désire se rendre.	OBSERVATIONS et indications des pièces jointes à la demande, quand il y a lieu.
Avis.	du chef de corps ou de service.	
	du général de brigade ou du directeur du service.	
	du général de division.	
	du général commandant le corps d'armée.	

(1) Permission d.... avec solde, ou sans solde, ou prolongation d...
Congé de.... pour affaires personnelles, ou prolongation de...
Congé de... à titre de soutien de famille, ou prolongation de congé.
Congé de convalescence de... ou prolongation de...
Congé pour aller faire usage des eaux thermales.
Congé de... pour aller à l'étranger à...

(2) Nom, prénoms, grade ou emploi, numéro matricule, classe, date de la libération. Indiquer également si le militaire est rengagé ou commissionné.

(3) Désigner l'autorité qui décide sur l'objet de la demande.

Décision du (3)

A , le 189

Le (3)

Format { Hauteur : 0m,340. Largeur : 0m,210.

MODÈLE N° 3.

Modèle annexé au décret du 7 mars 1895.

e CORPS D'ARMÉE
ou
GOUVERNEMENT MILITAIRE
de

—

e DIVISION.

—

e SUBDIVISION.

—

PLACE d

(1) Permission, congé ou prolongation : en indiquer la nature.

Indiquer en toutes lettres le nombre de jours et la date.

(2) Désigner l'autorité.

(3) Porter les nom, prénoms, grade ou emploi de l'officier.

(4) Spécifier si c'est avec solde de présence ou avec solde d'absence.

(5) Porter la localité où l'officier doit se rendre immédiatement, en indiquant, à la suite, le département et, s'il y a lieu, le canton.

—

Vu et inscrit au contrôle :

Le Major,

Numéro d'inscription au registre spécial :

Corps { ou service. {

(1) DE (1) JOURS

Valable jusqu'au (1) *inclus.*

OFFICIER.

En vertu du décret du 1er mars 1890, le (2)

accorde à M. (3)
un (1) de (1) jours avec solde de (4)
valable jusqu'au (1) inclus,
pour se rendre à (5)

M. devra avoir rejoint son poste à l'expiration d présent (1) qui datera du (1)

Il devra, dès son arrivée dans le lieu où il se rend, faire connaître son adresse et le temps présumé de son séjour : 1° au général commandant la place de Paris, s'il doit résider à Paris ou dans le département de la Seine ; 2° au commandant d'armes, dans toute autre ville de garnison ; 3° à l'officier commandant la gendarmerie de l'arrondissement s'il n'y a pas de garnison dans le lieu où il doit jouir de sa permission.

Si, pendant le cours de son absence, il vient à changer de résidence, il est tenu aux mêmes formalités. Il doit, en outre, en informer par écrit son chef de corps ou de service.

Il est tenu enfin de porter lui-même au verso du présent titre les indications relatives à son changement de résidence.

Il ne pourra se dispenser d'exhiber le présent titre sur la réquisition qui lui en sera faite par la gendarmerie, ou, s'il voyage en tenue bourgeoise, par les agents des chemins de fer.

En cas de mobilisation, le porteur du présent titre devra se mettre immédiatement en route pour rejoindre son corps ou son service, sans attendre aucune notification individuelle, à moins qu'il ne soit en congé de convalescence.

A , le 189 .

Le (2)

***Indication des changements successifs de résidence de l'officier pendant la durée de sa permission ou de son congé* (1).**

NOM DES LOCALITÉS.	DATE de L'ARRIVÉE.	DATE du DÉPART.	OBSERVATIONS.

(1) Ces indications sont portées par le titulaire de la permission ou du congé et lui servent, au besoin, de titre pour réclamer le bénéfice du tarif militaire sur les chemins de fer.

Format { Hauteur, 0m,340. Largeur, 0m,210.

MODÈLE N° 4.

Modèle annexé au décret du 7 mars 1895.

e CORPS D'ARMÉE
ou
GOUVERNEMENT MILITAIRE
d

e DIVISION.

e SUBDIVISION.

PLACE d

(1) Permission, congé ou prolongation : en indiquer la nature et inscrire en toutes lettres le nombre de jours et la date.
(2) Désigner l'autorité.
(3) Porter les nom, prénoms, grade ou emploi.
(4) Indiquer, à la suite de chaque localité, le département et, s'il y a lieu, le canton.

Vu et inscrit au contrôle :

Le Major,

N° d'inscription au répertoire spécial:

Corps *ou* service. {

(1) DE (1)

SOUS-OFFICIER, CAPORAL OU BRIGADIER OU SOLDAT.

En vertu du décret du 1er mars 1890, le (2) accorde au sieur (3) de la classe de , libérable du service actif le (rengagé ou commissionné), un (1) , valable jusqu'au (1) inclus pour aller à (4)

Il devra avoir rejoint son poste à l'expiration d présent qui datera du

Le porteur devra, à son arrivée dans le lieu où il se rend, faire viser l présent (1) et faire connaître son adresse : 1° au général commandant la place de Paris, s'il doit résider à Paris ; 2° au commandant d'armes, dans toute autre ville de garnison ; 3° au commandant de la brigade de gendarmerie dont dépend sa résidence, s'il n'y a pas de garnison au lieu où il doit jouir de son congé ou de sa permission. Les militaires résidant dans le département de la Seine, hors Paris, doivent, en outre, s'ils sont porteurs d'une permission de huit jours et au delà, faire viser leur titre par le général commandant la place de Paris.

Il se présente à la même autorité la veille de son départ pour rejoindre son corps.

Le visa de la gendarmerie n'est pas exigé sur les titres de permission dont la durée ne dépasse pas quatre jours.

En cas de mobilisation, le porteur du présent titre devra se mettre immédiatement en route, sans attendre aucune notification individuelle et rejoindre son corps. Il sera transporté *gratuitement* à destination par les voies ferrées, sur le vu du présent titre.

Les militaires en congé de convalescence ne sont tenus de rejoindre qu'à l'expiration de ce congé.

A , le 189 .

Le (2)

NOTA. — L'ancien modèle de permission pour la troupe reste provisoirement en vigueur en Corse et en Algérie.

INDICATION DES POINTS PRINCIPAUX DU TRAJET A PARCOURIR TANT A L'ALLER QU'AU RETOUR.	DÉTAIL DES VISAS D'ARRIVÉE ET DE DÉPART.

Le décompte de la solde du militaire dénommé d'autre part lui a été fait jusqu'au inclus.

Il est porteur des effets détaillés ci-contre.

DÉSIGNATION DES EFFETS.	NOMBRE D'EFFETS.

En conséquence du détail ci-dessus, ce militaire n'aura besoin d'aucun secours pendant sa route pour aller en permission ou en congé et en revenir.

A , le 189 .

Le Commandant de

CERTIFICAT DE VISITE AU DÉPART DU CORPS.

Le dénommé d'autre part n'est atteint d'aucune maladie contagieuse.

A , le 189 .

Le Médecin

DÉPARTEMENT d

CANTON d

COMMUNE d

Numéro de tirage :

MODÈLE N° 5.

CERTIFICAT DE POSITION DE FAMILLE

du nommé , *soldat au* , *réclamant l'envoi en congé à titre de soutien de famille, conformément à l'article* 22 *de la loi du* 15 *juillet* 1889.

POSITION DES ASCENDANTS ET DES FRÈRES ET SŒURS DU RÉCLAMANT.					AVIS MOTIVÉ de trois pères de famille ayant un fils sous les drapeaux ou, à défaut, dans la réserve de l'armée active.
NOM, PRÉNOMS ET PROFESSIONS.	Sexe et âge.	Célibataire, marié, veuf.	Nombre d'enfants	Infirmités et autres causes qui les empêchent de travailler.	
					Nous, soussignés, résidant dans la commune d et jouissant de nos droits civils et politiques, émettons l'avis, sous notre responsabilité personnelle, que .... *Signatures* :

AVIS MOTIVÉ DU CONSEIL MUNICIPAL.

L'an mil huit cent , le , à heures du , le conseil municipal de la commune d s'est réuni à la mairie, sous la présidence de M. , maire.

Etaient { présents : MM.
{ absents : MM.

Les membres présents formant la majorité, le maire déclare la séance ouverte et communique au conseil une demande d'envoi en congé de soutien de famille, formée par le nommé , jeune soldat de la classe de

Le conseil, après avoir délibéré, émet l'avis

Ainsi fait et délibéré à les jour, mois et an susdits, et ont signé les membres présents.

CERTIFIÉ conforme au registre des délibérations du conseil municipal de la commune d et vu pour légalisation de la signature des trois pères de famille dénommés ci-dessus, qui remplissent les conditions voulues par la loi.

A , le 189 .

Le Maire,

Vu pour légalisation de la signature du maire :

Le Sous-Préfet,

e CORPS D'ARMÉE
ou
GOUVERNEMENT MILITAIRE
d

e DIVISION.

e SUBDIVISION.

ÉTAT-MAJOR.

MODÈLE N° 6.

Format. { Hauteur, $0^m,210$.
Largeur, $0^m,340$.

Bulletin indicatif d'autorisation de changement de résidence accordée à un militaire en (congé de ou en permission de).

NOM.	GRADE ET CORPS.	POSITION ACTUELLE.	LIEU OÙ LE MILITAIRE se trouve.	LOCALITÉS OÙ LE MILITAIRE est autorisé à se rendre.	DATE DE LA DÉCISION.	OBSERVATIONS.

A M. le Président du Conseil d'administration A , le 189 .
du

ANNEXE N° 1

Dispositions relatives à certaines permissions.

Permissions à accorder aux hommes de l'armée active dont un frère est appelé sous les drapeaux comme homme à la disposition, réserviste ou territorial.

Circulaire du 9 octobre 1890. (Cabinet; Correspondance générale.)

Mon cher général, j'ai été consulté sur la question de savoir quelle mesure il y a lieu de prendre à l'égard des hommes de l'armée active dont un frère est appelé sous les drapeaux en qualité d'homme à la disposition.

En vue d'éviter aux familles une charge trop lourde par la présence simultanée au service de deux frères, j'ai décidé que des permissions renouvelables, au besoin, tant que durera la période d'appel de l'homme à la disposition, seront accordées aux militaires appartenant à l'armée active.

Ces permissions seront délivrées après constatation des droits des intéressés.

Circulaire du 6 novembre 1890. (Cabinet; Correspondance générale.)

Mon cher Général, j'ai été consulté sur la question suivante :

Doit-on faire bénéficier les militaires de l'armée active, dont un frère est appelé pour une période d'instruction comme réserviste ou territorial, de ma décision du 9 octobre dernier, relative aux permissions à accorder aux frères d'hommes à la disposition?

Les considérations qui ont motivé la décision précitée ayant la même valeur dans les deux cas, la réponse à cette question ne peut être qu'affirmative. Il y a lieu de remarquer, du reste, qu'aucune disposition légale ou réglementaire n'interdit la concession de ces permissions, qui sont d'usage depuis longtemps dans l'armée.

Vous voudrez bien, en conséquence, donner, en ce qui vous concerne les ordres nécessaires pour assurer l'exécution de cette décision. (Note minist. du 20 juin 1893, *B. O.*, p. 643.)

Pour l'application des prescriptions ci-dessus, une certaine liberté doit être laissée aux autorités militaires, notamment en ce qui concerne les hommes nouvellement incorporés ou ne devant accomplir qu'une année de service actif.

En effet, il importe d'abord d'assurer l'instruction militaire des hommes qui viennent d'être appelés et, par suite, il y a lieu de ne pas interrompre leurs exercices par des permissions.

En outre, il convient de conserver aux permissions le caractère d'une récompense accordée par l'autorité militaire et de ne pas faire de leur obtention un droit résultant de telle ou telle situation de famille.

D'ailleurs, en ce qui concerne les réservistes ayant des frères sous les drapeaux, les règlements en vigueur donnent à l'autorité militaire toute latitude pour accorder des ajournements à ceux dont la situation de famille est réellement intéressante.

Le Ministre de la guerre recommande aux différentes autorités militaires d'appliquer, dans la plus large mesure possible, tout en s'inspirant des considérations qui précèdent, les dispositions des circulaires des 9 octobre et 6 novembre 1890.

Permissions de quelques jours accordées aux principales fêtes légales.

Le nombre et la durée des permissions de quelques jours accordées lors des principales fêtes légales aux militaires qui en font la demande pour se rendre à leurs frais dans leurs familles, et dont la conduite et l'instruction ne laissent rien à désirer, devant nécessairement être en rapport avec les besoins du service dans chacun des corps de troupe, il est indispensable de laisser aux chefs de corps et de service toute latitude à cet égard.

Toutes ces permissions doivent être accordées dans la mesure la plus large.

Les fêtes visées sont principalement le 1er janvier et Pâques, en tenant compte pour les militaires de certains cultes, des prescriptions spéciales à la religion qu'ils professent.

(Circ. du 10 décembre 1888, *B. O.*, p. 935.)

Permissions de 24 heures.

Ces permissionnaires ne sont pas portés en mutation, mais ils n'ont pas droit à la solde.

Les commandants d'unité administrative produisent au major un état indiquant par grade le nombre des permissions de 24 heures ; ils portent, en outre, le montant des journées de solde qui ne doivent pas être perçues en diminution sur la feuille de prêt. (Note du 27 décembre 1890, *B. O.*, p. 1350.)

Dispositions fixant les conditions dans lesquelles les militaires peuvent être mis à la disposition des agriculteurs pour les divers travaux des champs.

(Circ. du 21 mars 1894, *B. O.*, p. 289.)

Les militaires cultivateurs ou viticulteurs de profession pourront demander à leur chef de corps à être employés, en cas de besoin, aux travaux agricoles, soit dans leur famille, soit chez d'autres agriculteurs.

Les demandes de travailleurs militaires pourront également être faites par les agriculteurs eux-mêmes; ces dernières devront toujours être approuvées par MM. les préfets des départements, qui les transmettront aux chefs de corps.

Les demandes devront être parvenues, toutes, aux chefs de corps intéressés avant le 1er avril de chaque année. Elles indiqueront la nature du travail à faire et la date à laquelle les agriculteurs désireront l'arrivée des travailleurs.

Il ne sera accordé de permissions qu'aux militaires, cultivateurs ou viticulteurs de profession, dont la conduite au corps aura été ordinairement bonne.

Les militaires munis d'un diplôme de maître greffeur, délivré par une société autorisée et subventionnée par l'Etat, pourront, seuls, être employés aux travaux de greffage des vignes.

Les uns et les autres n'obtiendront de permissions que pour prendre part aux travaux des champs dans leur famille ou chez des agriculteurs du département où ils se trouvent en garnison.

Le nombre maximum des militaires employés aux divers travaux agricoles est fixé ainsi qu'il suit, savoir : à 10 p. 100 de l'effectif des hommes présents dans les corps d'infanterie, du génie et du train des équipages militaires; à 5 p. 100 dans les régiments de cavalerie et d'artillerie. Les chefs de corps conservent, d'ailleurs, toute latitude pour apprécier si les nécessités du service et de l'instruction permettent d'atteindre ces proportions.

L'absence de ces militaires ne devra pas dépasser trente jours et pourra, si les besoins du service militaire le rendent nécessaire, être réduite à vingt jours francs. Les permissions de trente jours seront réservées, de préférence, aux militaires qui auront, pour se rendre dans la commune où ils doivent travailler, le plus long trajet à effectuer.

Les militaires dont il s'agit ne devront pas être absents tous à la fois.

Afin que le concours des travailleurs militaires puisse être réellement efficace aux agriculteurs, les hommes à qui seront accordées les permissions dont il s'agit devront, autant que possible, être mis en route de manière à arriver à destination aux dates indiquées par les cultivateurs par qui ils auront été demandés, sous la réserve qu'ils seront toujours tous présents au corps pendant la période des inspections générales et des manœuvres d'automne.

Les militaires ainsi autorisés à aller travailler chez les cultivateurs devront se munir des effets emportés réglementairement par les permissionnaires.

L'indemnité à payer aux travailleurs militaires par les cultivateurs qui les emploient est fixée conformément au tableau annexé à la présente circulaire, établi après entente avec le Ministre de l'agriculture.

Cette indemnité est indépendante de la nourriture due en nature aux travailleurs.

Les frais de déplacement des militaires (aller et retour, voie ferrée ou voiture), ainsi que leur logement, seront également à la charge des agriculteurs.

Les travailleurs militaires supporteront sur leurs indemnités les retenues réglementaires.

Chaque brigade de gendarmerie exercera, au point de vue du bon ordre et de la régularité de leur conduite, une surveillance spéciale sur les militaires employés chez les cultivateurs. A cet effet, il sera adressé à chaque chef de brigade, par les soins des chefs de corps, la liste des militaires employés, ainsi que l'adresse des cultivateurs chez qui ils sont.

Les dispositions qui précèdent ne sont pas applicables aux militaires n'ayant qu'une année à passer sous les drapeaux, lesquels ne doivent, en aucun cas, être employés aux travaux agricoles.

Avis à donner aux chefs de gare au moment du départ et du retour d'un nombre de permissionnaires supérieur à cinquante.

Afin d'éviter les inconvénients qui peuvent résulter de l'insuffisance des trains et de l'encombrement des gares au moment du départ et du retour simultané d'un nombre de permissionnaires supérieur à cinquante, chaque corps adresse au chef de la gare de départ, 24 heures à l'avance, un avis indiquant : 1° le nombre des hommes partant en permission et leurs principales destinations ; 2° la date d'expiration des permissions lorsque celles-ci ont une durée de plus de vingt-quatre heures.

Les chefs de corps s'entendent avec les chefs de gare pour faire prendre à l'avance les billets militaires et, s'il y a lieu, faire conduire les bagages à la gare. La demande de billets peut être faite par l'avis spécifié ci-dessus. Le payement en est fait par le corps à la gare le jour même du départ. Les billets qui, pour une cause quelconque, n'ont pu être utilisés, sont reversés à la gare en même temps. (Art. 24 et 25 du règlement du 18 novembre 1889, *B. O.*, p. 1133.)

ANNEXE N° 2.

Extrait du décret du 20 octobre 1892 portant règlement sur le service intérieur des corps.

Permissions pour les officiers.

Permissions de la journée. — Les permissions de la journée, sauf les exceptions spécifiées pour l'instruction et le service de semaine, sont accordées :

Aux lieutenants et aux sous-lieutenants, par les capitaines, qui en rendent compte à leur chef de bataillon;

Aux capitaines, aux adjudants-majors, par le chef de leur bataillon;

Aux officiers comptables, par le major;

Au porte-drapeau, par le lieutenant-colonel;

Dans la cavalerie : au porte-étendard, par le major;

Aux médecins en sous-ordre, par le médecin-major de 1re classe;

Aux officiers supérieurs et au médecin-major de 1re classe, par le colonel;

Dans la cavalerie : au capitaine instructeur, aux médecins et aux vétérinaires, par le lieutenant-colonel.

Dans l'artillerie : au capitaine instructeur, aux adjudants-majors et aux vétérinaires, par le lieutenant-colonel.

Les chefs de bataillon, le major et le médecin-major de 1re classe rendent compte au lieutenant-colonel des permissions accordées aux officiers sous leurs ordres et de celles qu'ils obtiennent pour eux-mêmes.

Le lieutenant-colonel en rend compte au colonel au rapport du lendemain.

La dispense des devoirs du service de semaine est accordée aux lieutenants et aux sous-lieutenants par l'adjudant-major de semaine, s'il est d'un grade et d'une ancienneté supérieurs aux leurs. Pour les autres, ainsi que pour les capitaines, elle est accordée par le chef de bataillon de semaine. Lorsque cette dispense est accordée pour toute la journée, elle oblige les officiers à se faire remplacer; ceux des compagnies en préviennent leur capitaine.

Les exemptions d'exercices ou de manœuvres sont accordées aux officiers par l'officier chargé de commander l'exercice ou la manœuvre.

Les officiers chargés d'un service spécial qui demandent des permissions de la journée doivent obtenir préalablement l'assentiment du chef de service.

(Art. 290 Inf., 281 Cav., 308 Art.)

Permissions pour quitter la garnison. — La permission de quitter la garnison est accordée aux officiers et assimilés, avec solde de présence, dans les limites suivantes :

Par le chef de corps, quinze jours ;

Par le général de brigade, aux chefs de corps, huit jours ; aux autres officiers et assimilés, trente jours.

Les permissions d'une durée supérieure à huit jours sont accordées aux chefs de corps : jusqu'à concurrence de quinze jours, par le général de division ; jusqu'à concurrence de trente jours, par le gouverneur militaire ou le commandant du corps d'armée.

Il est rendu compte hiérarchiquement au Ministre, par bulletin, des permissions de huit jours et au-dessus accordées aux chefs de corps.

Les officiers comptables ne peuventobtenir une permission de plus de quinze jours, sans produire un certificat du conseil d'administration constatant que la situation de leurs écritures ne s'y oppose pas.

Les demandes d'absence au delà de huit jours faites par les médecins des corps de troupe doivent porter l'avis du directeur du service de santé lorsque ces médecins sont en même temps chargés du service dans un hôpital.

Dans l'artillerie : la faculté donnée aux officiers généraux et aux colonels d'accorder des permissions s'exerce de manière que tout le personnel soit présent, lors de l'inspection générale, aux écoles à feu et aux manœuvres d'automne.

Le titre d'absence remis à l'officier est conforme au modèle n° 3. (Voir page 21.)

(Art. 291 Inf., 282 Cav., 309 Art.)

Officiers qui s'absentent sans permission ou dépassent leur permission. — Les officiers qui n'ont pas rejoint à l'expiration de leur permission ou de leur congé et qui ne justifient pas de leur retard sont mis aux arrêts de rigueur. Si le terme de la permission ou du congé a été dépassé de huit jours, ils sont mis aux arrêts de forteresse ; et s'il a été dépassé de quinze jours, ils sont traduits devant un conseil de guerre.

Les officiers qui s'absentent sans permission sont punis des arrêts de rigueur, si cette absence a duré quarante-huit heures ; des arrêts de forteresse, si elle a duré davantage. Ils sont traduits devant un conseil de guerre, si elle a duré plus de six jours.

(Art. 292 Inf., 283 Cav., 310 Art.)

Permissions pour les sous-officiers, caporaux et soldats.

Exemption de l'appel de la journée. — L'exemption de l'appel quotidien est accordée par l'adjudant de compagnie dans l'infanterie, par l'officier de semaine dans la cavalerie et l'artillerie. En son absence, elle peut l'être aux caporaux et aux soldats par le sergent-major. Ce sous-officier en rend compte à l'adjudant de compagnie, officier de semaine dans la cavalerie et l'artillerie, qui en informe l'officier de semaine et le capitaine.

La permission de manquer au repas est accordée par le caporal d'escouade, qui en rend compte au sergent de section.

(Art. 293 Inf., 284 Cav., 311 Art.)

Exemption d'appel du soir. — L'exemption de l'appel du soir, les permissions de 10 heures, de minuit et de la nuit sont accordées et signées, en même temps que la situation-rapport, par le capitaine.

Si, dans le courant de la journée, un caporal ou un soldat a besoin de la permission de l'appel du soir, de 10 heures ou de minuit, il s'adresse au sergent-major, qui la demande à l'officier de semaine. Celui-ci est autorisé à l'accorder lorsqu'il en reconnaît l'urgence; dans ce cas, le titre est signé par lui, et le sergent-major en rend compte au capitaine le lendemain matin.

Le titre de permission est remis au sergent de la garde de police, par le titulaire, au moment de sa rentrée au quartier.

(Art. 294 Inf., 285 Cav., 312 Art)

Exemptions de service. — Des exemptions d'exercices et de manœuvres sont accordées aux sous-officiers, aux caporaux et aux soldats par le capitaine, sur la demande de l'officier de peloton.

Quand plusieurs compagnies sont réunies pour un exercice ou une manœuvre, les exemptions sont données : sur la demande du capitaine par le chef de bataillon à l'école de bataillon et par le colonel à l'école de régiment; dans la cavalerie : par le colonel aux écoles du régiment, de brigade et de division; dans l'artillerie, par le colonel lorsque le régiment doit marcher en entier.

(Art. 295 Inf., 286 Cav., 313 Art.)

Permissions pour quitter la garnison. — La permission pour les sous-officiers, caporaux et soldats de quitter la garnison est demandée au rapport par le capitaine et accordée par le chef de corps jusqu'à concurrence de trente jours. Elle ne donne pas droit à la solde proprement dite, sauf pour les sous-officiers rengagés ou commissionnés.

Le titre d'absence est conforme au modèle n° 4. (Voir page 23.)

(Art. 296 Inf., 287 Cav., 314 Art.)

Permissions permanentes. — Les adjudants, les sous-officiers décorés de la Légion d'honneur ou de la médaille militaire, et les sous-officiers rengagés que leur service ne retient pas au quartier, sont autorisés à ne rentrer qu'à 1 heure du matin.

Les autres sous-officiers et les caporaux fourriers, ainsi que les caporaux et les soldats décorés de la Légion d'honneur ou de la médaille militaire, sont dispensés de se trouver à l'appel du soir ; mais ils doivent rentrer au quartier à 11 heures.

L'appel du soir a lieu, en tout temps, à 9 heures.

Les sous-officiers mariés peuvent être autorisés à loger en ville; ils couchent au quartier quand ils sont de service. Une chambre, garnie d'une fourniture et d'un ameublement réglementaire d'adjudant, est. à cet effet, spécialement réservée aux adjudants pour leur service de semaine.

Le colonel retire toutes ces autorisations lorsqu'il en est fait abus ou que l'intérêt du service l'exige.

Après l'appel du soir, les sous-officiers, les caporaux et les soldats qui sortent du quartier ou qui y entrent sont tenus de se présenter au sergent de la garde de police.

La retraite est supprimée en temps de paix.

(Art. 297 Inf., 288 Cav., 315 Art.)

Sous-officiers, caporaux ou soldats qui dépassent un congé ou une permission ou qui s'absentent sans autorisation. — Tout sous-officier, caporal ou soldat qui n'a pas rejoint à l'expiration de son congé ou de sa permission et qui ne justifie pas de son retard est puni sévèrement suivant les circonstances. S'il n'a pas rejoint dans les quinze jours qui suivent celui qui a été fixé pour son retour, il est considéré comme déserteur à l'intérieur.

Tout sous-officier, caporal ou soldat qui s'absente sans autorisation est puni sévèrement suivant les circonstances. Six jours après celui de l'absence constatée, il est considéré comme déserteur à l'intérieur; néanmoins, si le soldat a moins de trois mois de service, il ne peut être considéré comme déserteur qu'après un mois d'absence.

Tout militaire qui se rend coupable de plusieurs absences illégales consécutives peut être changé de corps d'office.

(Art. 298 Inf., 289 Cav., 316 Art.)

Les punitions privent d'exemption ou de permission. — Les exemptions et les permissions ne sont accordées qu'à des hommes dont la conduite est régulière. Tout sous-officier, caporal ou soldat qui a subi une punition de prison est privé de permission ou d'exemption pendant la quinzaine qui suit l'expiration de sa punition.

(Art. 299 Inf., 290 Cav., 317 Art.)

Dispositions communes aux divers grades.

Prescriptions générales. — Les officiers supérieurs commandant un détachement peuvent accorder les mêmes permissions que le chef de corps; ils lui en rendent compte.

Les permissions de longue durée peuvent être accordées, pendant tout le courant de l'année, en conciliant, autant que faire se peut, les exigences du service et les demandes des intéressés; la plus grande latitude doit être laissée, à cet effet, aux chefs de corps; mais elles ne peuvent être accordées qu'aux sous-officiers et aux hommes de troupe rengagés, commissionnés ou engagés volontaires pour quatre ou cinq ans. Les autres militaires n'y ont pas droit, pas plus qu'aux congés pour affaires personnelles.

Les officiers, sous-officiers, caporaux et soldats, en permission, peuvent obtenir des prolongations de permission, sous la réserve que la durée totale de l'absence ne dépassera pas trente jours. Toute demande de prolongation doit être accompagnée de l'autorisation du chef de corps. Si le permissionnaire est chef de corps, l'autorisation est demandée à l'officier général ayant qualité pour accorder une permission équivalente à la durée totale de l'absence. La demande est soumise au général commandant la subdivision de région où se trouve le permissionnaire. En cas d'extrême urgence, le permissionnaire peut être autorisé à attendre dans ses foyers la réception de l'autorisation qu'il doit produire.

Les militaires de tous grades, changeant isolément de résidence, peuvent obtenir, à titre de sursis, des permissions dont la durée ne doit pas dépasser quinze jours, abstraction faite des délais ordinaires de route et de tolérance.

Ces sursis sont accordés, dans les mêmes conditions de solde que les autres permissions, par les autorités militaires du point de départ.

Les demandes d'autorisation pour se rendre à l'étranger sont faites conformément aux dispositions spéciales du décret portant règlement sur la concession des permissions et des congés. (Décret du 1er mars 1890.)

L'uniforme ne peut être porté à l'étranger que sur une autorisation spéciale du Ministre de la guerre. En principe, il n'est accordé aucune permission, en dehors de celle de la journée du dimanche et des fêtes reconnues, aux militaires de la réserve et de l'armée territoriale, pendant la durée des convocations.

(Art. 300 Inf., 291 Cav., 318 Art.)

ANNEXE N° 3.

Tenue que doivent porter les militaires en permission et en congé.

1° *Officiers et adjudants.* — Tenue prescrite dans la garnison où ils se trouvent en position d'absence.

2° *Sous-officiers rengagés ou commissionnés.* — Les effets de la tenue de ville complète, y compris le sabre ou l'épée, ainsi que les autres effets prescrits par les instructions ministérielles spéciales, nécessaires pour compléter la tenue de ville. (Notes des 1er juin 1888, 18 janvier 1891, et tableau n° 20 de l'instruction du 10 octobre 1892, *B. O.*, p. 617, 54 et 55.)

3° *Sous-officiers non rengagés, caporaux, brigadiers et soldats.* — Coiffure en usage dans le corps auquel ils appartiennent (shako, képi n° 1), pantalon d'ordonnance, dolman, sabre.

4° *Sous-officiers en congé.* — Même tenue en képi et sans armes.

Du 1er octobre au 1er mai, les hommes de troupe emporteront le manteau ou la capote.

Par exception, les hommes de troupe se rendant en permission pour assister à une cérémonie de famille (mariage, obsèques, etc.) pourront être autorisés (sauf le cas où ils iraient à l'étranger), par leur chef de corps, à emporter la grande tenue et à la revêtir pour la cérémonie.

Les militaires susceptibles d'être libérés étant en permission ou en congé n'emportent que les effets d'habillement qui doivent leur être abandonnés. (Instr. du 14 juin 1884, p. 684, et note du 3 mai 1888, *B. O*, p. 546.)

ANNEXE N° 4.

Extrait du décret du 29 mai 1890, portant règlement sur le service de la solde et les revues, et du décret du 30 décembre 1892 sur la solde et les revues des corps de la gendarmerie.

ART. 10. TABLEAU N° 1.

Officiers, employés militaires ayant rang d'officier, ou traités comme tels, employés militaires, sous-officiers (ouvriers d'Etat, gardiens de batterie, sous-officiers stagiaires du génie, portiers consignes, sous-officiers du service de la justice militaire), sous-officiers rengagés ou commissionnés, spahis indigènes de tous grades des régiments algériens.

RÈGLES D'ALLOCATION.	DISPOSITIONS PARTICULIÈRES ET OBSERVATIONS.
POSITION (1) N° 1-2. **Promus en permission ou en congé.** La solde de présence ou d'absence du nouveau grade, selon la solde attribuée par le titre d'absence, à la date de la promotion. Toutefois, si l'intéressé reçoit l'ordre de rejoindre son poste avant l'expiration de ce titre, il recouvre le droit à la solde de présence à partir du jour de son départ pour rejoindre son poste, s'il exécute cet ordre immédiatement.	
POSITION N° 7-12. **Appelés en témoignage étant absents par permission ou congé.** La solde de présence pour les journées passées hors du lieu où il jouit de sa permission ou de son congé jusqu'au jour inclus de sa rentrée dans ses foyers ou à son corps. S'il est cité dans le lieu de son domicile, la disposition ci-dessus ne lui est pas applicable; mais s'il est re-	Le rappel de solde pour les officiers et employés militaires est subordonné à la production d'un certificat du président constatant le temps passé dans la place où siège le tribunal. Les sous-officiers rengagés ou commissionnés doivent être mis en

(1) Le premier numéro est celui du règlement du 29 mai 1890, et le deuxième numéro est celui du règlement du 30 décembre 1892.

RÈGLES D'ALLOCATION.	DISPOSITIONS PARTICULIÈRES ET OBSERVATIONS.
tenu au delà du terme de sa permission ou de son congé, il recouvre les droits à la solde de présence à dater du lendemain de l'expiration de son titre d'absence.	subsistance dans un corps de la garnison; s'il n'est pas possible de les mettre en subsistance, ils sont traités comme isolés pour le temps de leur séjour dans la place où siège le tribunal; ils reçoivent les allocations prévues par le règlement sur les frais de route, cumulativement avec la solde de présence. Les militaires de tous grades appelés en témoignage n'ont pas droit aux taxations imputées sur les fonds de la justice militaire ou civile.
POSITION N° 13-14. **Démissionnaires étant absents.** Les droits à la solde cessent du jour de la radiation des contrôles.	
POSITION N° 15-19. **Admis à la retraite étant en permission ou en congé.** Les droits à la solde cessent à la date du décret de concession de la pension.	Les sous-officiers rengagés ou commissionnés reçoivent la solde à laquelle ils peuvent prétendre jusqu'au jour exclu du décret de concession, s'ils sont absents à ce moment par suite de libération provisoire, et jusqu'au jour où ils ont été libérés définitivement, si cette libération est antérieure audit décret.
POSITION N° 19-25. **(Permissions ou Congés).** **Permissions.** La solde de présence est allouée pour toute la durée de la permission. Toutefois, lorsqu'une permission accordée avec solde de présence est prolongée au delà de trente jours, la solde de présence est due pendant les trente premiers jours de l'absence. Le militaire recouvre les droits à la solde de présence à partir du lendemain de sa rentrée à son corps ou à son poste. **Congés pour affaires personnelles** La solde d'absence est allouée pour la durée du congé. Les prolongations qui ont pour effet d'étendre au delà de six mois la durée	Les permissions et les congés sont accordés par les autorités militaires dans la limite déterminée par le décret relatif à la concession des permissions et congés. Les permissions et les congés ne comportent ni délais de route, ni délais de tolérance. Toutefois, les délais de route et de tolérance s'ajoutent à la durée des permissions accordées à titre de sursis d'arrivée. Les congés pour aller aux colonies françaises et à l'étranger ne sont accordés que par le Ministre de la guerre. Le jour du départ est mentionné sur les permissions, les congés ou les feuilles de route.

RÈGLES D'ALLOCATION.	DISPOSITIONS PARTICULIÈRES ET OBSERVATIONS.
totale de l'absence ne donnent droit à aucune solde. La solde des six premiers mois reste acquise. **Congés de convalescence.** La solde de présence ou d'absence, selon que le spécifie le titre ou la décision de l'autorité compétente. Les généraux de brigade, qui accordent les congés de convalescence, peuvent, par délégation des commandants de corps d'armée, concéder la solde de présence pour une durée d'un mois. Les commandants de corps d'armée ont la faculté d'étendre cette concession à une période de six mois. Passé ce délai, le Ministre statue sur la solde à attribuer. Ces dispositions s'appliquent aux congés de convalescence accordés à la suite d'une position d'absence d'une autre nature. **Congés pour aller faire usage des eaux ou pour aller aux bains de mer.** La solde de présence pour les délais de route et de tolérance (aller et retour) comme pour les journées passées aux eaux, que les délais ajoutés à ces journées représentent ou non l'intégralité du congé obtenu. La solde d'absence reste allouée pour les journées qui n'auraient pas été passées aux eaux en dehors des délais de route et de tolérance. Les officiers peuvent reporter au retour les délais dont ils n'auraient pas profité pour l'arrivée à l'établissement. Les délais de route et les délais de tolérance sont toujours compris dans la durée du congé. (Note minist. du 31 décembre 1892, *B. O.*, p. 251.) La durée de séjour aux eaux est	Les permissions et les congés accordés aux militaires employés en Afrique ou en Corse, ou faisant partie d'une armée active ou d'un rassemblement, commencent du jour du débarquement ou du passage de la frontière. Les intéressés font constater cette date par le sous-intendant militaire et, à défaut de fonctionnaire de l'intendance, par l'autorité civile française de la commune la plus rapprochée de la frontière. Pour les militaires venant d'Afrique ou de Corse, les fonctionnaires de l'intendance militaire sont tenus de mentionner, en outre, sur les titres d'absence, le jour du départ du paquebot qu'ils auront à prendre pour retourner à leur poste. Cette mention ne dispense pas les intéressés de demander la prolongation nécessaire, ainsi qu'il est dit ci-après. Les commandants de corps d'armée sur le territoire desquels se trouvent les ports où débarquent les militaires prolongent la durée des permissions et des congés du nombre de jours nécessaires pour que les titulaires des permissions ou congés puissent, lors de leur retour, se mettre en route de manière à n'arriver au port d'embarquement que la veille du jour du départ du premier paquebot partant après l'expiration de la permission ou du congé. La solde acquise pendant ces prolongations est la même que celle dont jouissait le militaire pendant sa permission ou son congé. Quand, à l'expiration de sa permission ou de son congé, un militaire d'un corps d'outre-mer obtient une prolongation d'absence, l'autorité militaire qui l'a accordée doit, en faisant l'inscription, mentionner à la suite la date à laquelle l'intéressé devra arriver au port d'embarquement. Ne comptent pas dans la durée des permissions ou congés accordés pour se rendre outre-mer (colonies françaises ou étrangères), ainsi que pour se rendre de l'Afrique ou de la Corse sur un point quelconque de la

RÈGLES D'ALLOCATION.

justifiée par un certificat du médecin compétent.

Les dispositions qui précèdent sont applicables aux sous-officiers, brigadiers et gendarmes qui obtiennent un congé pour aller prendre les eaux dans les lieux où il n'existe pas d'établissements militaires.

Congés pour aller aux colonies françaises.

La solde d'absence peut être allouée pendant une année, y compris le temps de la traversée pour l'aller et le retour.

Congés pour aller à l'étranger.

La solde à attribuer à ces congés est fixée par le Ministre de la guerre.

Congés pour attendre la liquidation de la pension de retraite.

La solde d'absence est allouée du jour du départ jusqu'au jour exclu de la date du décret de concession de la pension.

La solde de présence est allouée pendant le même laps de temps au militaire proposé pour la retraite pour blessures reçues dans le service. Le général qui a accordé le congé doit mentionner dans le titre la concession de la solde de présence et les blessures sur lesquelles est basée la demande de retraite.

DISPOSITIONS PARTICULIÈRES ET OBSERVATIONS.

colonie ou de l'île, le temps pass en mer pour l'aller et le retour, o le séjour forcé dans les ports d'em barquement ou de débarquemen les lazarets, etc.

De même, pour les officiers e sous-officiers rengagés ou commi sionnés, en garnison dans certain postes de l'Afrique éloignés des voie ferrées, ne compte pas non plu dans la durée des permissions o congés délivrés à destination d'u autre point de l'Algérie ou de la Tu nisie, le temps passé pour se rendr par les routes ordinaires, du lieu d garnison, à l'aller, jusqu'à la plu prochaine gare de chemin de fer e au retour, depuis cette dernière gar jusqu'au lieu de garnison. — Les in téressés font viser leur titre de pe mission, à l'aller et au retour, pa le commandant d'armes de la loca lité station de chemin de fer, ou, défaut par l'autorité civile de l commune la plus rapprochée, en vu de constater le commencement et l fin de l'absence. — Le Ministre dé termine, suivant les circonstances les garnisons susceptibles de béné ficier de ces dispositions. (Décis présid. du 11 janvier 1892, *B. O.*, p 33.)

Les militaires employés en Afri que ou en Corse, ou faisant parti d'une armée active ou d'un rassem blement hors du territoire (*Erratum* 2e sem. 1890, p. 944), sont considé rés comme rentrés à leur poste s'il sont rendus à la frontière ou au por d'embarquement au jour fixé pou l'expiration de leur titre d'absence

La rentrée d'un militaire en per mission de plus de vingt quatre heu res ou en congé est constatée pa un visa du sous-intendant militaire

Pour les officiers sans troupe e les employés militaires, le titre es envoyé à ce fonctionnaire dans le vingt-quatre heures, par le chef d service; pour les corps de troupe, i est joint à la situation administrativ sur laquelle figure la mutation.

Rappel de solde. — Le rappel d solde est perdu pour la périod

RÈGLES D'ALLOCATION.	DISPOSITIONS PARTICULIÈRES ET OBSERVATIONS.
	excédant la durée du titre d'absence si le retard n'est pas justifié par un billet de sortie d'hôpital ou par un certificat du médecin de l'hôpital militaire, ou, à défaut d'hôpital militaire, du médecin de l'hospice civil du lieu ou de l'arrondissement, constatant la nature de la maladie et le temps qu'a exigé le traitement. Les certificats délivrés par les médecins civils doivent être visés par le sous-intendant militaire, son suppléant militaire ou le maire. Pour les sous-officiers rengagés ou commissionnés et les spahis indigènes, ce visa fait mention de l'impossibilité qu'il y aurait eu de les admettre dans les hôpitaux. Quand le retard doit être attribué à un cas de force majeure autre que la maladie, il est justifié par un certificat de l'autorité locale. Le temps écoulé à partir du lendemain de l'expiration du titre d'absence jusqu'au jour inclus de la rentrée du militaire à son poste ne donne droit qu'à la solde d'absence.
POSITION N° 20-26 **Rappelés avant l'expiration de leur congé.** Ont droit à la solde de présence, cumulativement avec l'indemnité de route, du jour de leur départ pour rejoindre leur corps ou leur poste.	
POSITION N° 23 **En permission ou en congé au moment où le corps change de garnison.** Les militaires sont considérés comme rendus à leur poste quand, n'ayant pas été informés à temps du mouvement, ils arrivent à leur ancienne garnison à l'expiration de leur permission ou congé.	

RÈGLES D'ALLOCATION.	DISPOSITIONS PARTICULIÈRES ET OBSERVATIONS.
Ceux qui sont informés du changement de garnison recouvrent leurs droits à la solde de présence à dater de leur arrivée dans la nouvelle garnison, lors même qu'ils y devanceraient le corps. Néanmoins, il leur suffit d'être arrivés en même temps que le corps nonobstant l'expiration de leur titre d'absence; dans ce cas, ce titre est considéré comme expiré seulement du jour où ils ont rejoint.	

2° Sous-officiers non rengagés ou non commissionnés, caporaux ou brigadiers et soldats, spahis français des régiments algériens et spahis français et indigènes des régiments tunisiens.

RÈGLES D'ALLOCATION.	DISPOSITIONS PARTICULIÈRES ET OBSERVATIONS.
POSITION N° 36 **Promus étant absents.** Entrent en solde de leur nouveau grade à partir du lendemain du jour de leur rentrée au corps.	
POSITION N° 45. **En permission ou en congé.** N'ont droit à aucune solde depuis le jour de leur départ jusqu'à celui de leur rentrée au corps inclusivement. Les militaires venant d'outre-mer pour jouir d'un congé en France n'ont droit à aucune solde à partir du jour de l'embarquement jusqu'au jour exclu du débarquement au retour.	

3° Réserve et armée territoriale (officiers et troupe).

RÈGLES D'ALLOCATION.	DISPOSITIONS PARTICULIÈRES ET OBSERVATIONS.
POSITION N° 54-37. **Officiers convoqués pour les périodes d'instruction.** Durant les permissions obtenues pendant un stage ou un appel, les officiers sont traités comme ceux de l'armée active. Les officiers absents par permission cessent d'avoir droit à la solde à partir du jour fixé pour leur rentrée dans leurs foyers d'après l'ordre de convocation.	

TABLEAU N° 2. — DES INDEMNITÉS.

RÈGLES D'ALLOCATION.	DISPOSITIONS PARTICULIÈRES ET OBSERVATIONS.

POSITION N° 3-3.

Indemnité pour résidence dans Paris.

POSITION N° 4-5.

Indemnité en rassemblement.

POSITION N° 5-7.

Indemnité pour résidence en Algérie et en Tunisie.

Ces indemnités sont acquises pen- ant les deux premiers mois d'ab- ence aux militaires qui quittent leur ésidence pour le service, alors ıême que, pendant cette période e deux mois, ils entreraient à hôpital ou obtiendraient une per- ıission ou un congé; elle n'est ac- uise que pendant un mois si l'ab- ence est motivée par toute autre ause que le service; il en est de ıême si les militaires interrompent n congé ou une permission ou sor- ənt de l'hôpital pour remplir une ıission avant de rentrer à leur poste. Les officiers dont la mutation sur- ient pendant une permission ou un ongé qui a le caractère d'un départ éfinitif n'ont droit à l'indemnité que ısqu'au jour inclus de leur départ. ette règle doit être appliquée no- ımment aux officiers sortis de l'E- ole supérieure de guerre à l'issue es cours et qui sont affectés à un tat-major de corps d'armée pendant ı permission ou le congé qu'ils ont btenu en fin de cours. (Note du 2 mars 1891, *B. O.*, p. 349.)

POSITION N° 6-8.

ndemnité pour frais de service.

Est allouée pour un mois seule- ıent lorsque l'absence est motivée our toute cause autre que celle de ervice.

RÈGLES D'ALLOCATION.	DISPOSITIONS PARTICULIÈRES ET OBSERVATIONS.
POSITION Nº 7-9. **Indemnité pour frais de bureau.** L'officier qui s'absente régulièrement conserve le droit à l'indemnité pendant tout le temps de son absence, à charge par lui de pourvoir à la dépense de ses bureaux. POSITION Nº 11. **Indemnité aux militaires employés aux travaux topographiques ou géodésiques, etc.** Cette indemnité n'est pas due pour les journées d'absence. POSITION Nº 20. **Indemnité de logement.** Est allouée pendant la durée des permissions et congés.	

ART. 16. — TABLEAU Nº 4—2.

RÈGLES D'ALLOCATION.	DISPOSITIONS PARTICULIÈRES ET OBSERVATIONS.
POSITION Nº 1 A 5. **Hautes payes.** Sont dues pour toutes les journées donnant droit à la solde de présence.	

ART. 22. — TABLEAU N° 6—5.

RÈGLES D'ALLOCATION.	DISPOSITIONS PARTICULIÈRES ET OBSERVATIONS.
POSITIONS 1 A 6 ; 1 A 5. **Pain, viande, sucre et café, légumes.** Ces vivres ne sont pas dus aux hommes en congé ou en permission. POSITION N° 7-6. **Fourrages.** Les officiers allant en congé, ou en permission, autorisés à emmener leurs chevaux, quelle que soit la durée de leur congé, perçoivent les rations de fourrages dans la résidence où ils se trouvent, après présentation de l'autorisation qui leur a été donnée par le commandement au sous-intendant militaire chargé du service des fourrages de l'arrondissement dans lequel l'officier va résider. Les officiers montés à leurs frais partant en congé en attendant la liquidation de leur pension de retraite ont droit aux rations de fourrages pendant un mois à dater du jour de leur rentrée en position d'absence.	

Époques de paiement de la solde.

La solde des officiers sans troupe et des employés militaires, des officiers des corps de troupe en congé ou en permission se paie par mois et à terme échu.

Toutefois, les officiers et employés militaires entrant en position d'absence peuvent être payés de leur traitement jusqu'au jour de leur départ exclusivement.

L'homme de troupe entrant en position d'absence reçoit ce qui lui est dû jusqu'au jour de son départ.

Le sous-officier rengagé ou commissionné en permission ou en congé peut recevoir sa solde à la fin de chaque mois. (Art. 25 du règl. du 29 mai 1890 et art. 27 de celui du 30 décembre 1892.)

Avis à adresser à l'ordonnateur de l'arrondissement dans lequel se rend le militaire.

Le conseil d'administration pour les militaires des corps de troupe, et le chef de service pour les militaires sans troupe, sont tenus de donner avis, à l'ordonnateur de l'arrondissement dans lequel le militaire a déclaré vouloir toucher sa solde, du titre d'absence concédé à celui-ci et de la solde qui y est afférente. L'ordonnancement de la solde est subordonné à l'envoi de cet avis, dont l'ordonnateur devra toujours accuser réception. (Art. 44 et 34 desdits règlements.)

Militaires autorisés à toucher leur solde sans livret.

Lorsqu'un militaire appartenant à un corps ou à un établissement considéré comme tel est absent de ce corps par congé, mission, etc., le certificat de cessation de paiement qui a pu lui être délivré avant son départ est considéré comme livret de solde. L'ordonnateur y inscrit la mention des ordonnancements, et l'agent des finances y appose la mention des paiements. (Art. 61 et 46 desdits règlements.)

Paris et Limoges. — Imprimerie militaire Henri Charles-Lavauzelle.

www.ingramcontent.com/pod-product-compliance
Ingram Content Group UK Ltd.
Pitfield, Milton Keynes, MK11 3LW, UK
UKHW021946260726
13994UKWH00004B/1564

9 782329 145648